이효원 편저

일신서적출판사

책을 내며

오카리나는 비교적 배우기 쉽고 음색이 아름다워 어린이부터 어른까지 누구나 즐길 수 있는 악기입니다. 간단한 운지만으로 연주를 시작할 수 있으며, 연습을 통해 더욱 깊이 있는 음악 표현도 가능합니다.

아이들을 지도하며 교사의 의도와 각자의 감성을 함께 담아낼 수 있는 교재의 필요성을 느꼈습니다. 이에 기본 연습곡과 자주 연주되는 곡들을 선별하여, 짧은 시간 안에 효율적으로 익히고 여러 명곡을 연주할 수 있도록 이 교본을 구성하였습니다.

또한 함께 연주하는 즐거움을 느낄 수 있도록 앙상블 곡을 수록하고, 무대 발표에 활용할 수 있는 반주(QR) 음원도 포함하였습니다.

이 교본이 알형(달팽이) 오카리나와 알토(거위) 오카리나를 시작하는 모든 이들에게 편안한 음악의 동반자가 되기를 바랍니다.

이효원

차례

오카리나 이야기

인류는 아주 오래전부터 흙으로 구워서 만든 도자기 모양의 악기를 사용했습니다. 그중 오카리나는 작은 거위라는 뜻의 이탈리아어에서 유래한 명칭이지만 현재는 흙으로 빚어서 구운 도자기 악기를 통칭하는 의미로 널리 쓰이고 있습니다.

단지 몇 개의 음만을 소리 내던 오카리나를 발전시켜 지금과 같은 모양과 정확한 음계를 낼 수 있는 오카리나로 만든 사람은 이탈리아의 부드리오(Budrio) 지방에 살던 주세페 도나티(Giuseppe Donati)라고 합니다.

오카리나의 운지는 비교적 쉽게 익힐 수 있지만, 악기 고유의 음색을 내면서도 선율적으로 아름다우려면 어깨를 편안히 하고 복식호흡하며 불어야 합니다. 맑은 음색을 내기 위해선 정확한 텅잉(혀를 쳐주기) 연습도 중요합니다.

비브라토를 사용하면 보다 아름다운 연주를 할 수 있습니다. 오카리나의 맑은 음색은 자연의 소리처럼 듣는 이의 마음을 편안하게 합니다. 그래서 심리치료와 태교음악에도 오카리나가 많이 사용되고 있습니다.

텅잉이란 혀를 살짝 대었다 때면서 음을 내는 방법을 말합니다. 혀와 입술에 힘을 빼고 "투우"라고 발음하면서 혀를 앞으로 보냅니다. 자연스러운 발음으로 부드럽게 연습해야 첫소리의 음색이 좋게 됩니다. 텅잉에는 싱글 텅잉(single tonguing), 더블 텅잉(double tonguing), 트리플 텅잉, 소프트 텅잉(Soft tonguing), 플라터 텅잉(Flatter tonguing) 등 다양합니다. 이 책에서는 주로 싱글 텅잉과 소프트 텅잉을 사용합니다. 소프트 텅잉은 부드럽게 혀를 이용해서 "DU(두우)~"하며 발음합니다. 느린곡이나 선율을 아름답게 하기 위해 사용되는 텅잉입니다.

오카리나의 음역과 종류

음역 : 소프라노, 알토, 테너, 베이스, 콘트라베이스 오카리나

키 : 일반적인 조는 C, G, F이며, 같은 운지법으로 옥타브 이동 연주가 가능합니다.

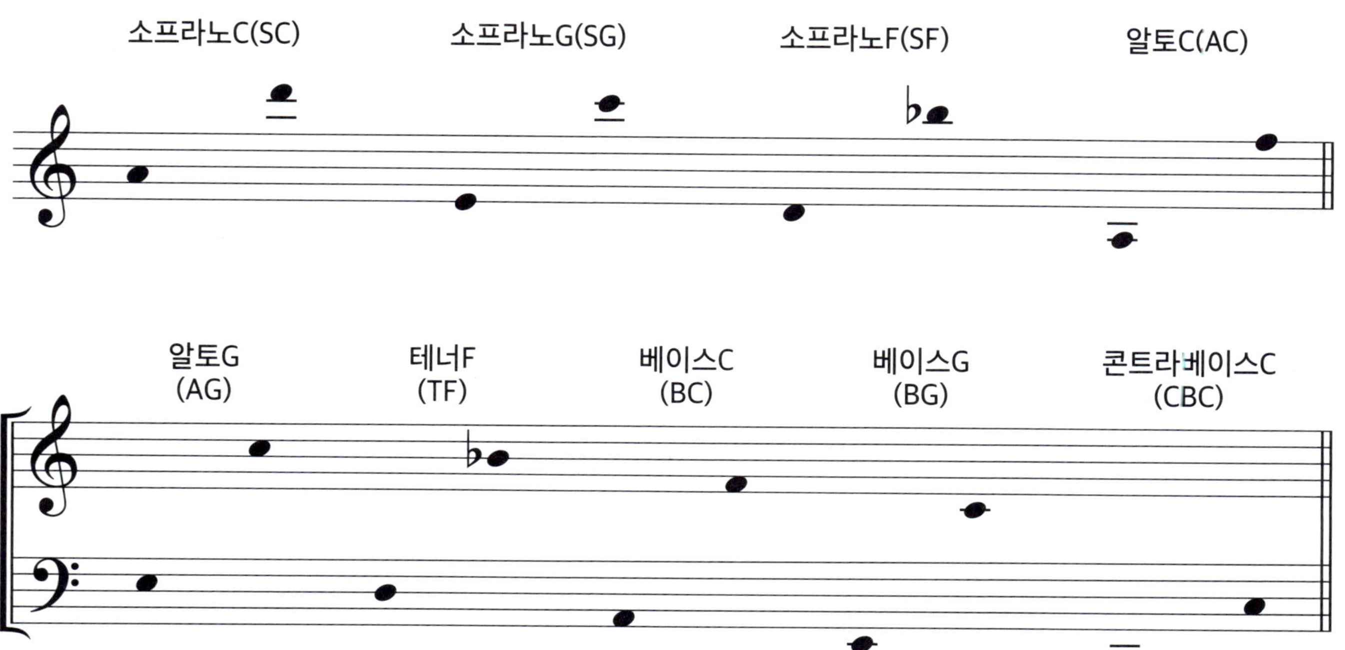

보통 T자 모양의 오리형 오카리나와 알처럼 생긴 랭글리형 오카리나가 많이 사용됩니다. 여러 모양, 음역의 오카리나 중 교육용으로 가장 널리 사용되는 것은 달팽이형 오카리나와 알토 C Key입니다.

알토 오카리나 운지

라

시

도

도# (레♭)

레

레# (미♭)

미

파

파# (솔♭)

솔

솔# (라♭)

라

라# (시♭)

시

도

도# (레♭)

레

레# (미♭)

미

파

달팽이 오카리나 운지

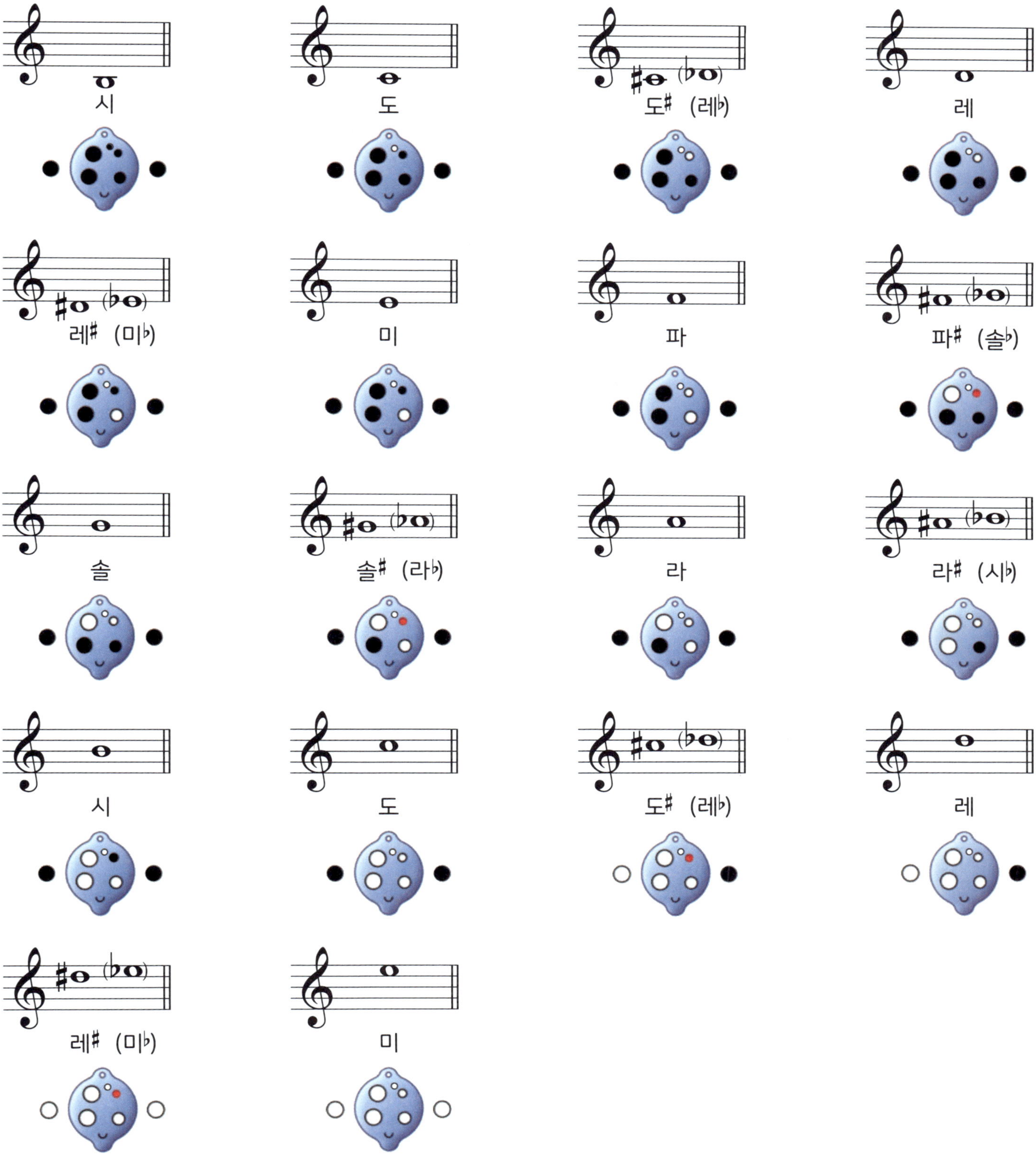

시

도

도# (레♭)

레

레# (미♭)

미

파

파# (솔♭)

솔

솔# (라♭)

라

라# (시♭)

시

도

도# (레♭)

레

레# (미♭)

미

연주 자세

앞에서 본 자세

옆에서 본 자세

앞에서 본 자세

옆에서 본 자세

호흡법

노래를 부르거나 관악기를 연주할 때 안정된 소리를 내기 위해서 복식 호흡을 해야 합니다. 복식 호흡은 횡격막의 근육을 단련시켜 아래로 처지게 함으로써 폐에 더 많은 공기가 들어갈 수 있게 해 줍니다.

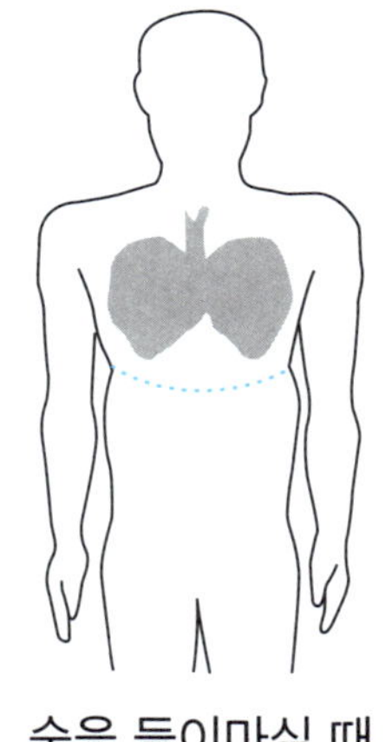

숨을 들이마실 때

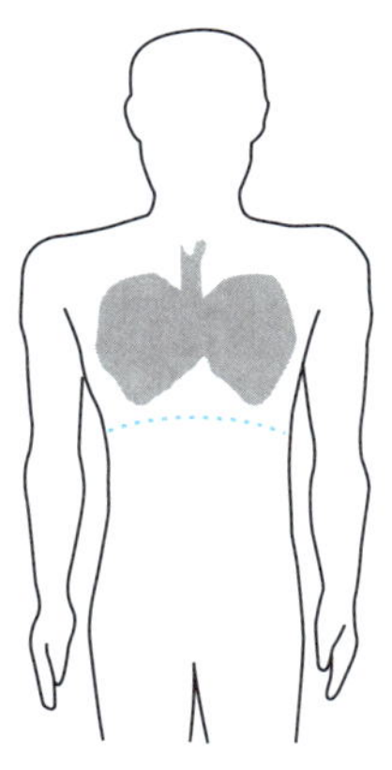

숨을 내쉴 때

텅잉

텅잉은 연주 시 혀를 이용하여 숨을 불어 넣거나 끊는 방법을 말합니다. 혀끝을 윗니와 잇몸 사이에 대었다 떼었다 하면서 명료하게 연습하도록 합니다. 텅잉을 이해하기 어려운 어린아이들의 경우 오카리나를 입에 대고 침을 내뱉듯이 "투 ~" 하고 연습니다.

아티큘레이션

각각의 음표를 음악적으로 표현하기 위해 작은 단위로 끊어서 연주하는 방법을 아티큘레이션이라고 합니다.

논 레가토   가장 기본적인 표현 방법으로 음표의 길이보다 약간 짧게 연주합니다.

스타카토   짧게 끊어서 그 음표의 반 길이를 연주합니다.

포르타토   다음 음이 나올 때까지 음을 충분하게 끌어줍니다.

레가토   첫음을 텅잉한 후 호흡을 멈추지 않고 다음 음을 부드럽게 연결합니다.

기초 음악이론

음표는 음의 길이를 나타내고 쉼표는 쉬는 길이를 나타냅니다.

음표	이름	박수	길이
♩	4분음표	1박	
♪	2분음표	2박	
♩.	점2분음표	3박	
o	온음표	4박	

쉼표	이름	박수	길이
𝄽	4분쉼표	1박	
▬	2분쉼표	2박	
▬.	점2분쉼표	3박	
▬	온쉼표	4박	

음을 나타낼 수 있는 다섯 개의 줄을 '오선'이라고 합니다.

높은음자리보표

오선에 높은음자리표 𝄞가 있는 것을 '높은음자리보표'라고 합니다.

높은음자리보표는 높은 음을 나타낼 때 사용합니다.

세로줄과 마디

오선에 세로로 그은 줄(|)을 세로줄이라고 합니다.

곡이 끝날 때는 굵은 끝세로줄을 사용합니다.

세로줄과 세로줄 사이를 마디라고 합니다.

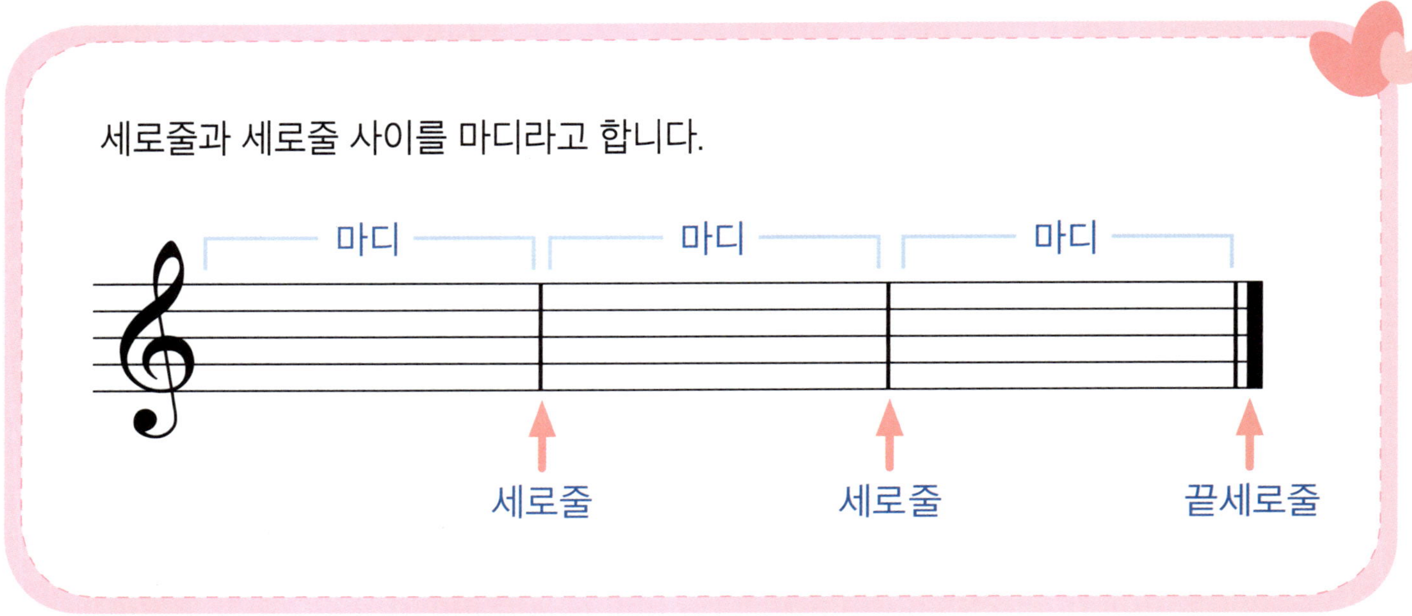

박자표

악보에서 한 마디를 몇 박으로 하는지 나타냅니다.

가운데 '도~시' 음 익히기

‘솔, 라, 시’ 연습

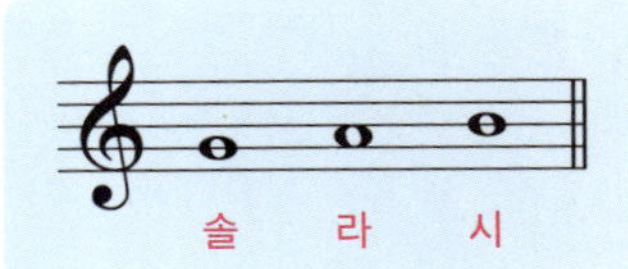

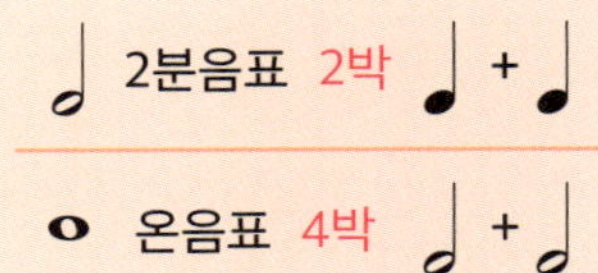

연습1

연습2

연습3

연습4

비행기

윤석중 작사
외국 곡

거미

외국 곡

'파, 미, 레, 도' 연습

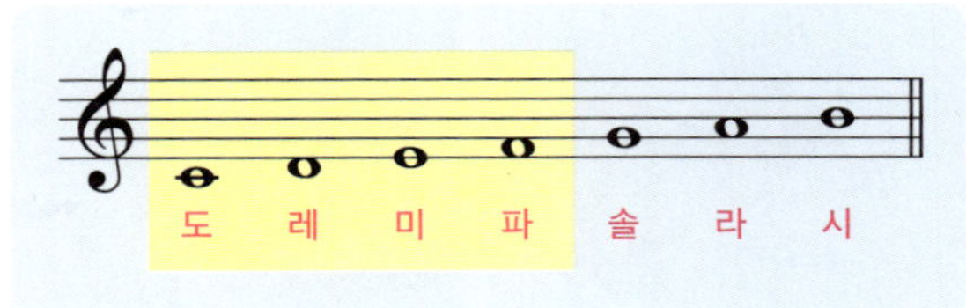

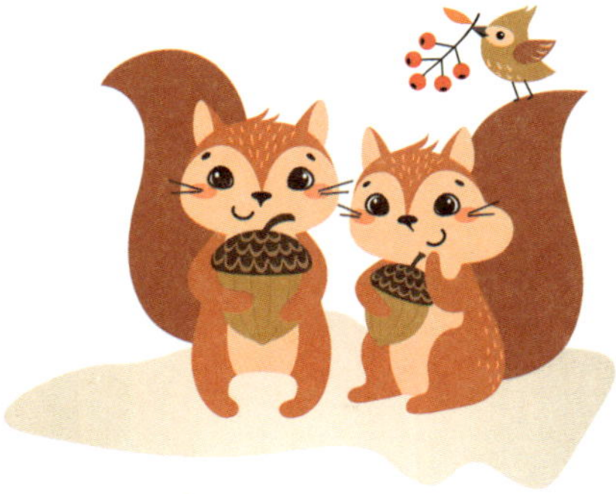

𝅗𝅥. 점2분음표 3박 𝅗𝅥 + ♩

𝄽 4분쉼표 1박 쉬기

𝄽(4분쉼표)의 길이는 ♩(4분음표)와 같습니다.

연습1

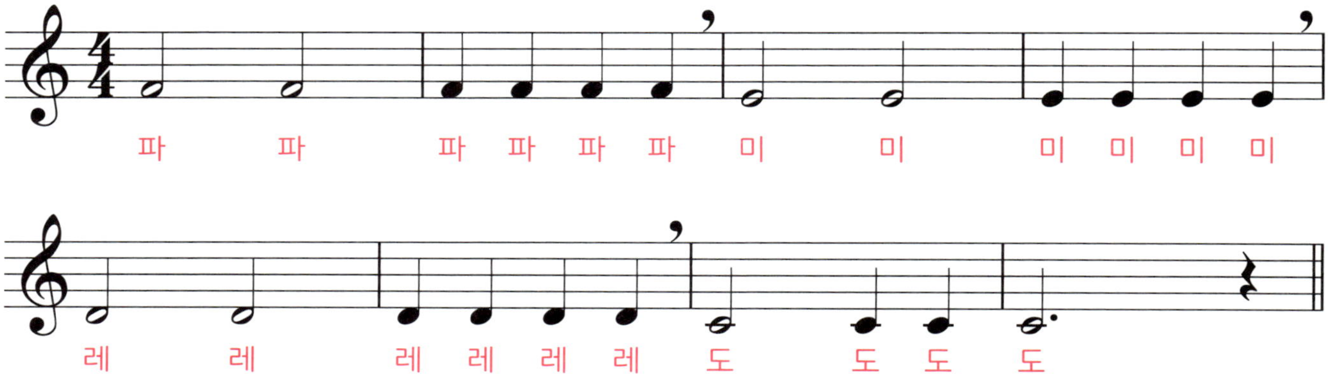

연습2

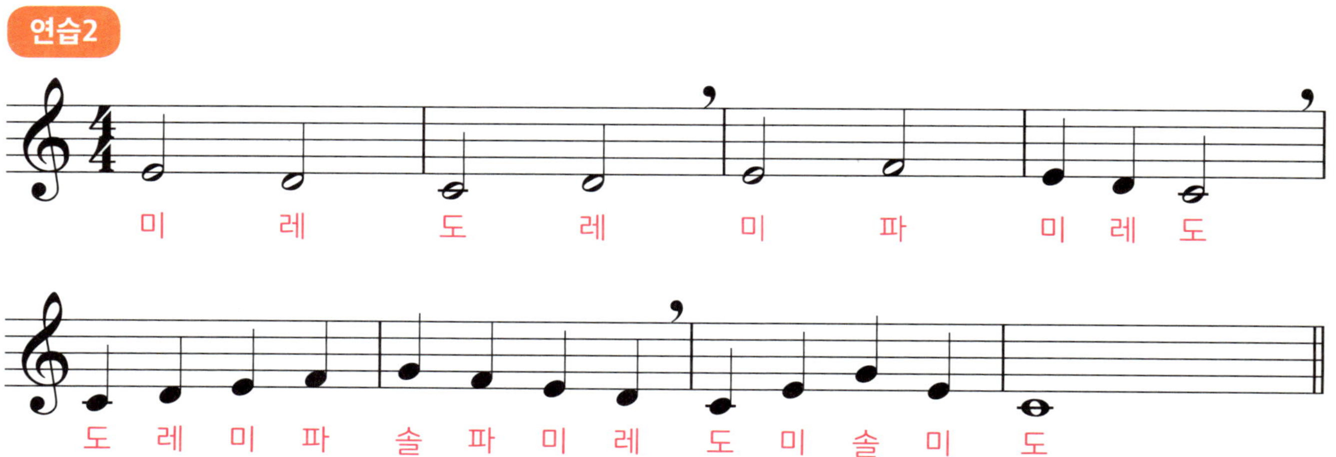

꼬마 벌

독일 민요
C G C
솔 파 미 레 미 파 레 도
붕 붕 붕 아 기 꼬 마 벌
C G C G
미 파 솔 미 레 미 파 레 미 파 솔 미 레 미 파 레
엄 마 따 라 언 니 따 라 이 꽃 저 꽃 앉 아 쉬 고
C G C
솔 파 미 레 미 파 레 도
붕 붕 붕 소 풍 을 간 다

나비야

독일 민요
C G C
솔 미 미 파 레 레 도 레 미 파 솔 솔 솔
나 비 야 나 비 야 이 리 날 아 오 너 라
C G C
솔 미 미 미 파 레 레 도 미 솔 솔 미 미 미
노 랑 나 비 흰 나 비 춤 을 추 며 오 너 라

통통통통

8분음표 반박 ♪ + ♪ = ♩
♫♫ = ♪♪♪♪

작자 미상

C
도 도 도 도 도레미레도
통 통 통 통 털보영감님
G7
레 레 레 레 레미파미레
통 통 통 통 혹부리영 감 님
C
미 미 미 미 미파솔파미
통 통 통 통 코주부영감 님
F
파 파 파 파 파미레미파
통 통 통 통 안경영감님
C
솔 솔 솔 솔 솔파미파솔
통 통 통 통 손을위 － 로
G   C
솔파미파솔파미파 솔파미레도
팔랑팔랑팔랑팔랑 손을무릎에

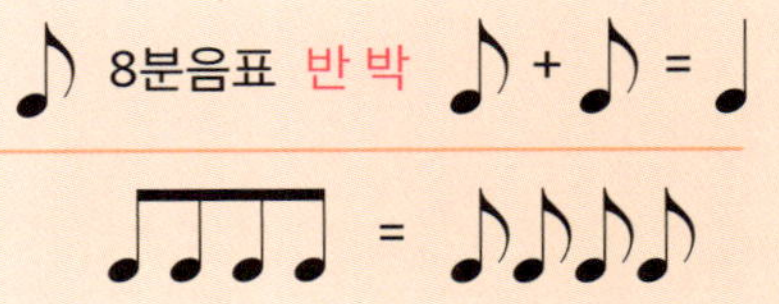

작은 별

외국 곡

올라간 눈

작자 미상

똑같아요

윤석중 작사
외국 곡

'위의 도, 레' 음 익히기

'위의 도, 레' 연습

도 레

연습1

도　　도　　도 도 도　　도 도 도 도 도

연습2

레　　레　　레 레 레　　레 레 레 레 레

연습3

도　　레　　도　　레　　도 레 도 레 도

연습4

도 시 도 라 시 솔 라 시 도 솔 시 레 도

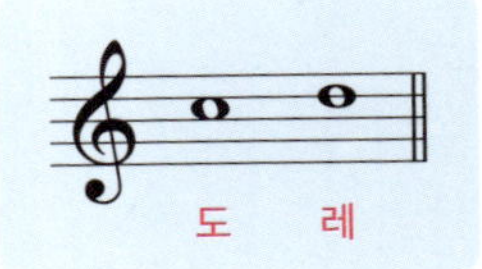

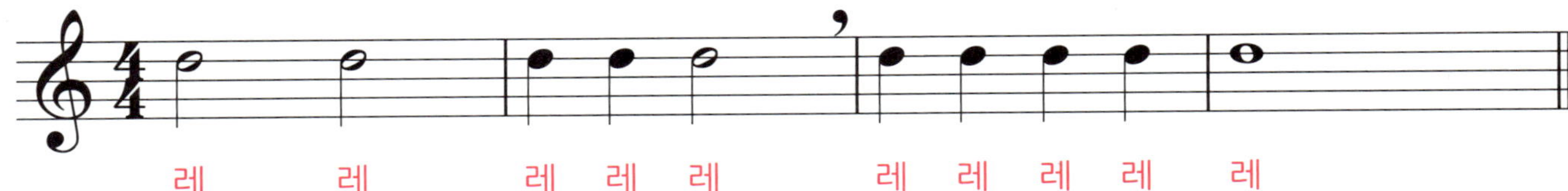

징글벨

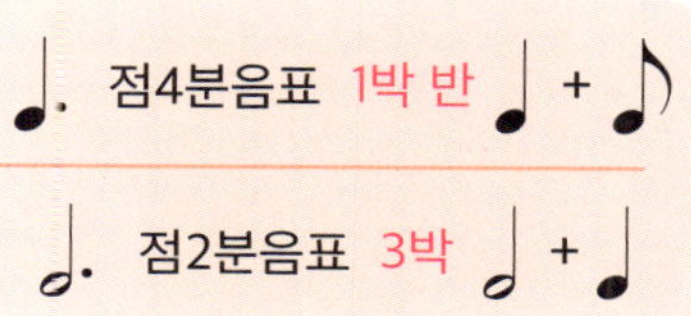

안병원 작사
피어폰트 작곡

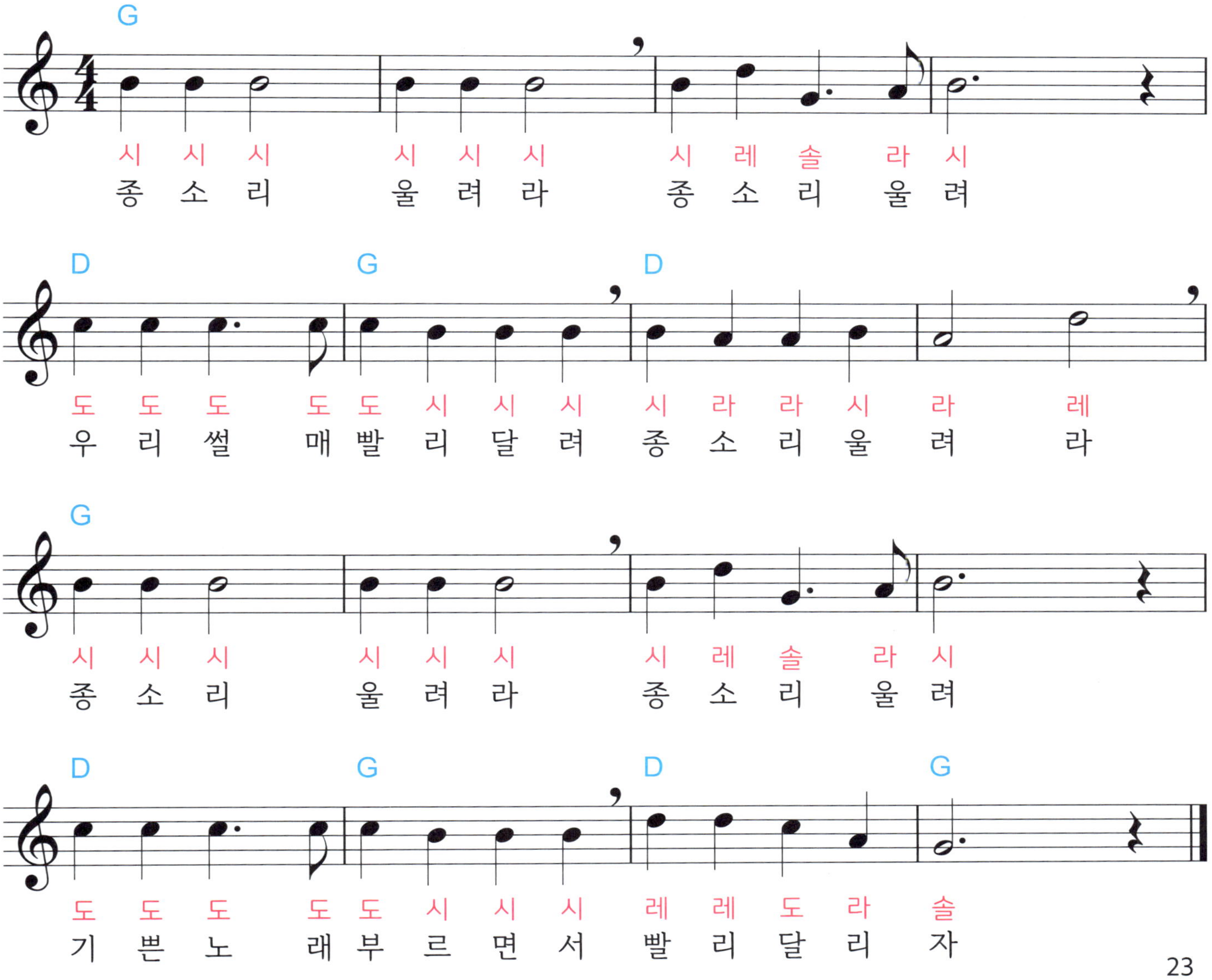

G

D   G   D

G

D   G   D   G

허수아비 아저씨

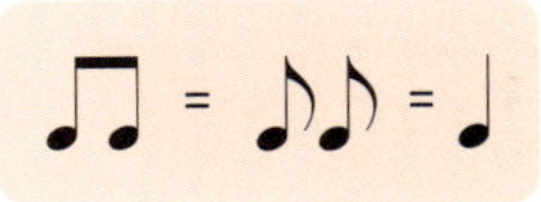

김규환 작사
김규환 작곡

퍼프와 재키

박수진 작사
야로 작곡

루돌프 사슴코

당김음 리듬인 ♪♩ ♪에 주의하세요.

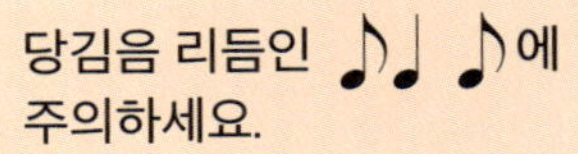

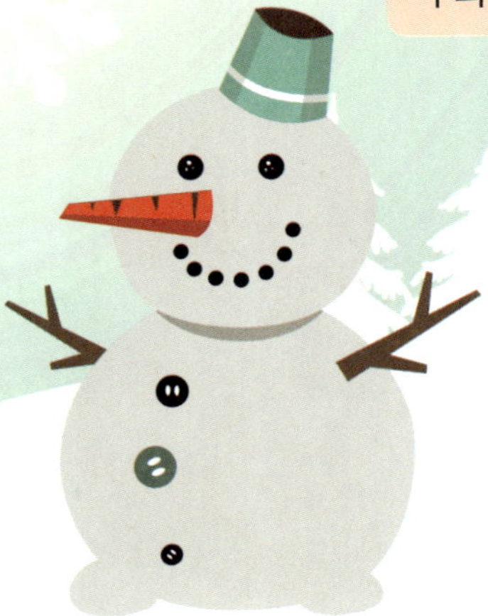

조니 마크스 작사
조니 마크스 작곡

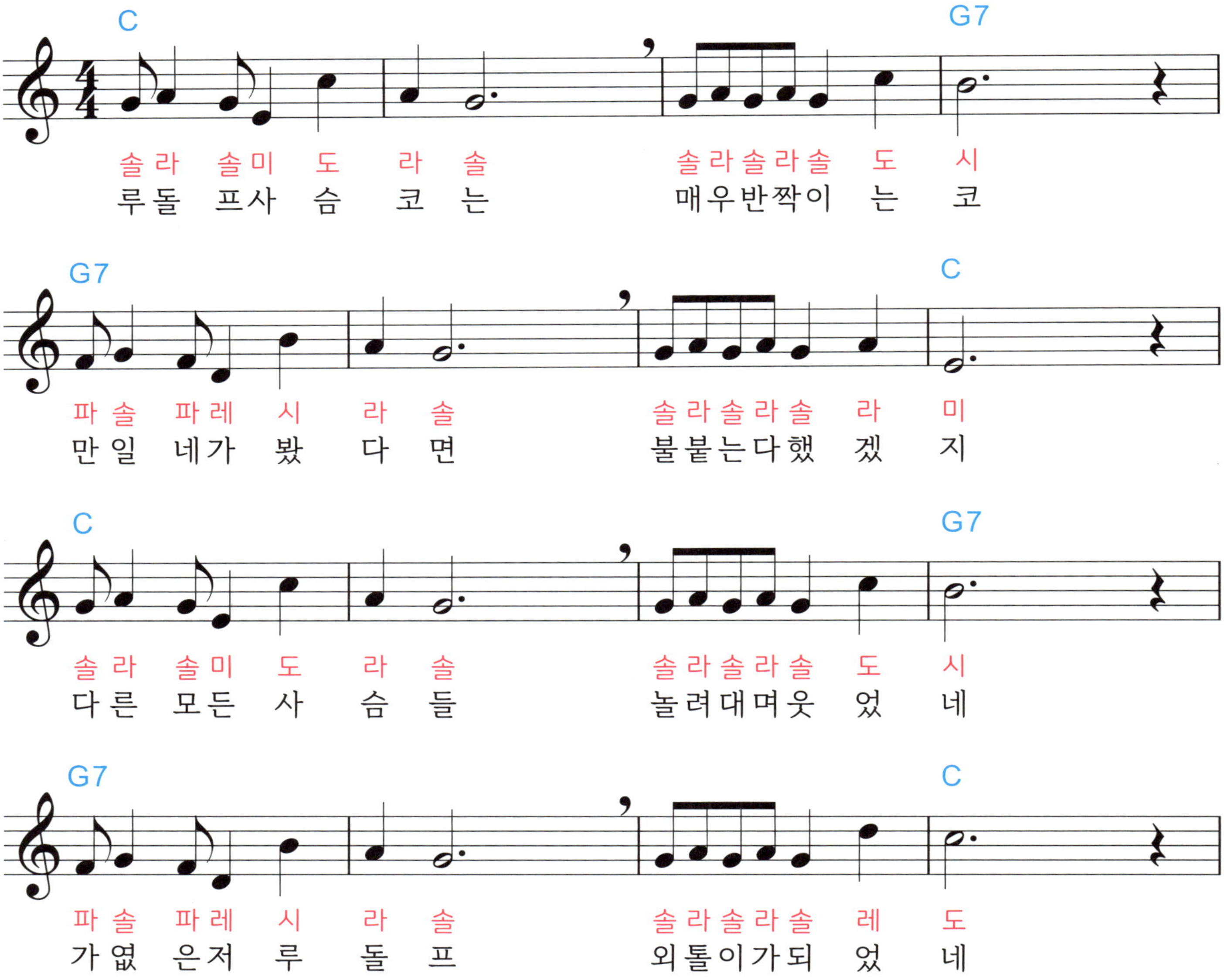

붙임줄

높이가 같은 두 음을 이은 줄로 두 음을
더한 길이만큼 한 음처럼 연주합니다.

기초 음악이론

♯, ♭, ♮ 등과 같이 음 높이에 변화를 주는 기호를 변화표라고 합니다.

음표	이름	길이
♯	샤프(올림표)	반음 올려서 연주합니다.
♭	플랫(내림표)	반음 내려서 연주합니다.
♮	내추럴 (제자리표)	♯나 ♭에 의해 변화된 음을 본래의 음으로 연주합니다.

어떤 음을 임시로 반음 올리거나 내려 변화시킬 때 사용하는 기호입니다.
임시표는 그 마디 안에서만 효력이 있습니다.

음악에서 악곡의 조를 나타내는 표입니다. 조표는 옥타브에 관계없이 곡 전체에서 음자리표 다음에 붙은 ♯나 ♭ 위치의 음을 모두 반음 올리거나 내려서 연주합니다.

세번째 이야기
'시♭' 음 익히기

시♭ 연습

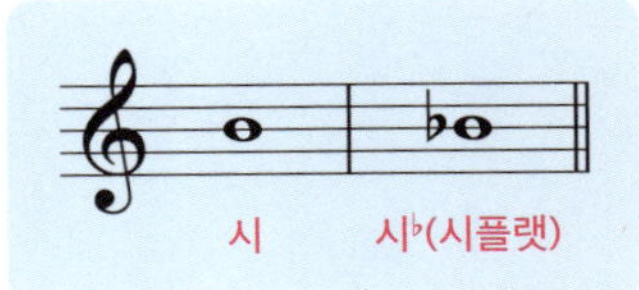

'시' 음에 ♭가 붙으면 '시플랫'이라고 읽습니다.

'시' 음에 ♮가 붙으면 '시'라고 읽습니다.

연습1

연습2

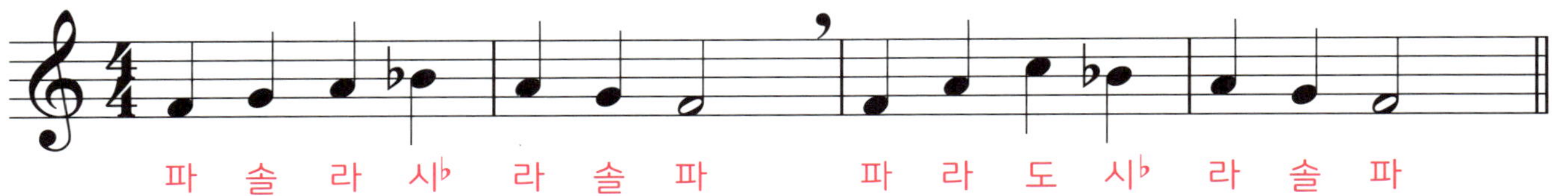

연습3

연습4

숲 속을 걸어요

유종슬 작사
정연택 작곡

바람이 불어오는 곳

김광석 작사
김광석 작곡

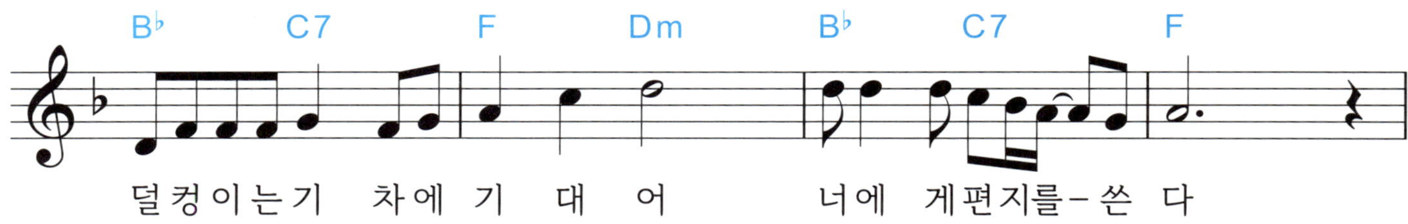

풍선

이두헌 작사
김성호 작곡

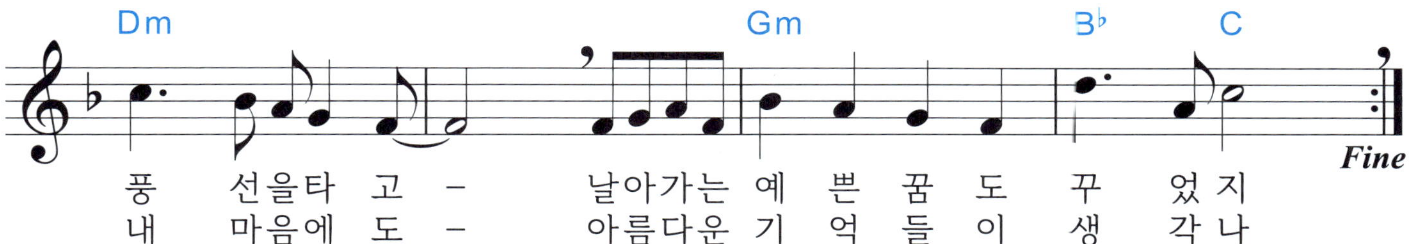

달팽이의 하루

조원경 작사
김진성 작곡

8분쉼표 반 박 쉬기

G   C7   F   C7
가 도 가 도 끝 이 없 는 길   야 호 마 음 은

Gm   Dm   B♭   Gm   C7
바 쁘 지 만 –   느 릿 느 릿 달 –팽 이 –

F   C7   Gm   Dm   B♭   C7
어 느 새   비 그 치 고 해 가 번 쩍 –   아 직 도   한 뼘 을 못 갔 구

F   B♭   C7   F
나   조 그 만   달 팽 이 의 하 – 루

기초 음악이론

음자리표 다음에 붙은 ♯(샤프)나 ♭(플랫)을 조표라고 합니다.

조표는 곡 전체를 통하여 ♯나 ♭이 붙은 자리의 음을 반음 올리거나 내려서
연주합니다.

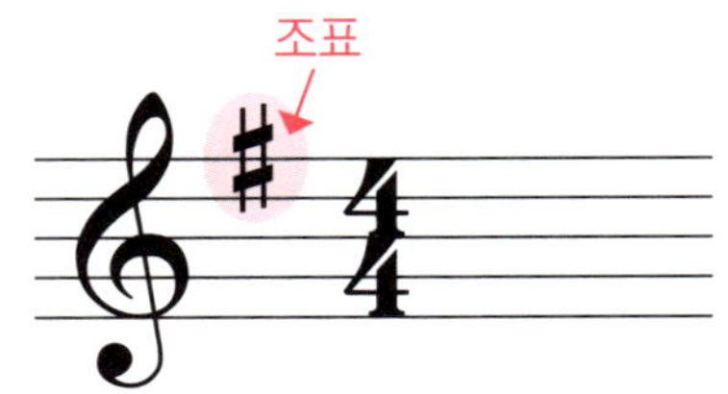

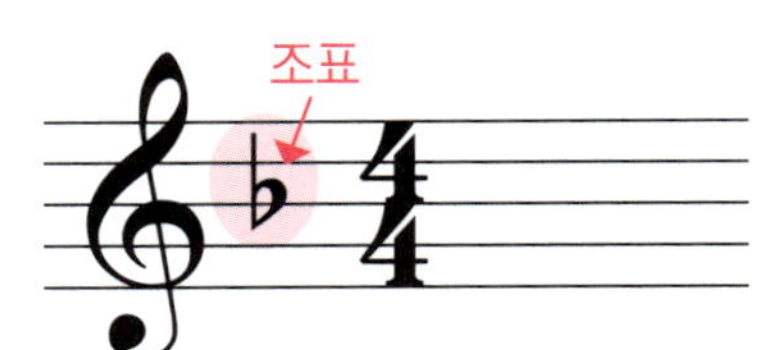

조표로 ♭(플랫)이 하나 붙은 것을 바장조라고 합니다.
♭이 붙은 자리의 모든 음을 반음 내려서 연주합니다.

조표로 ♯(샤프)가 하나 붙은 것을 사장조라고 합니다.
♯가 붙은 자리의 모든 음을 반음 올려서 연주합니다.

'파#' 음 익히기

파♯ 연습

'파' 음에 ♯가 붙으면 '파샤프'라고 읽습니다.

'파' 음에 ♮가 붙으면 '파'라고 읽습니다.

연습1

연습2

연습3

연습4

빙고
외국 곡
G
옆 집 사 는 개 이 름 빙 고 라 지 요
G C D7 G
B I N G O B I N G O
Em Am D7 G
B I N G O 빙 고 개 이 름
생일 축하 노래
미국 민요
G D G
생 일 축 하 합 니 다 생 일 축 하 합 니 다 사 랑
G D C G D7 G
하 는 생 일 축 하 합 니 다

Baby Shark

조니 온리 작사
조니 온리 작곡

My Heart Will Go On

윌 제닝스 작사
윌 제닝스, 제임스 호너 작곡

기초 음악이론

높은음자리보표에 나타낼 수 없는 음들은 위나 아래에 짧은 덧줄을 그어서 나타냅니다.

아래로 내려갈수록 낮은 소리의 음입니다.

'위의 미, 파~ 아래 라, 시'
음 익히기

'위의 미, 파' 연습

연습1

연습2

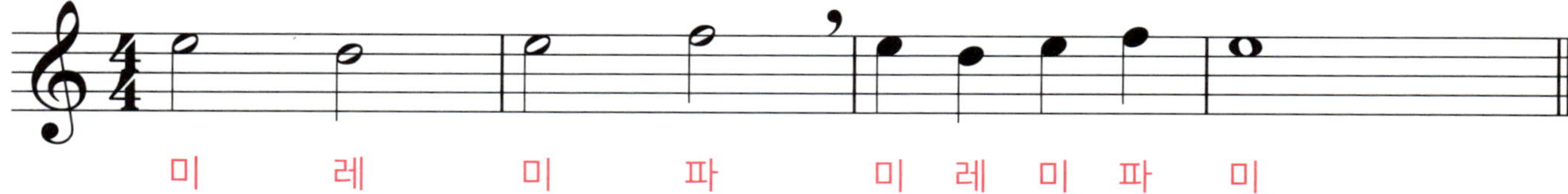

연습3

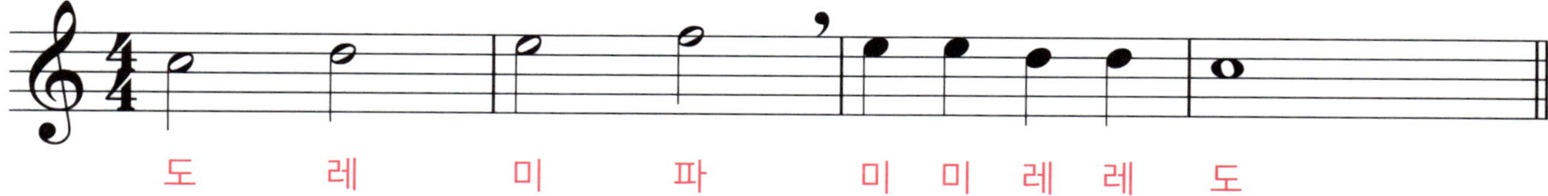

연습4

고요한 밤 거룩한 밤

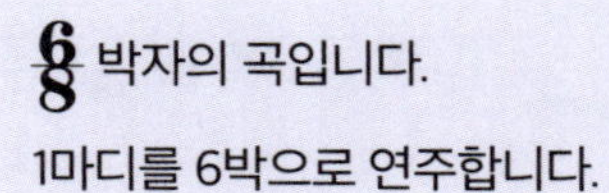

6/8 박자의 곡입니다.
1마디를 6박으로 연주합니다.

모어 작사
그루버 작곡

학교 가는 길

김광민 작곡

두 개의 음표를 셋으로 나눈 것으로 두 개 음표의
길이만큼 셋으로 나누어 연주합니다.

아기 공룡 둘리

김혜진 작사
김동성 작곡

쉼표의 쉬는 길이에 주의하세요.

도돌이표(𝄆 𝄇)
𝄇에서 𝄆로 돌아가 한번
더 연주합니다.

C7
F
Fm
Em
일억년전 –   옛날 이   너 무 나

Am
Dm
G
E
그 리워 –   보 고 픈 엄마찾아 –   우리함 께

Am
G
떠 나 자 – 아 아   아 아

C
Dm
G
C
외 로 운 둘 리 는 –   귀 여 운 아기공룡 –

Am
G
G7
C
호이 호이 둘 리 는 –   초능력내 친구 –

꼭 안아 줄래요

한경아 작사
윤학준 작곡

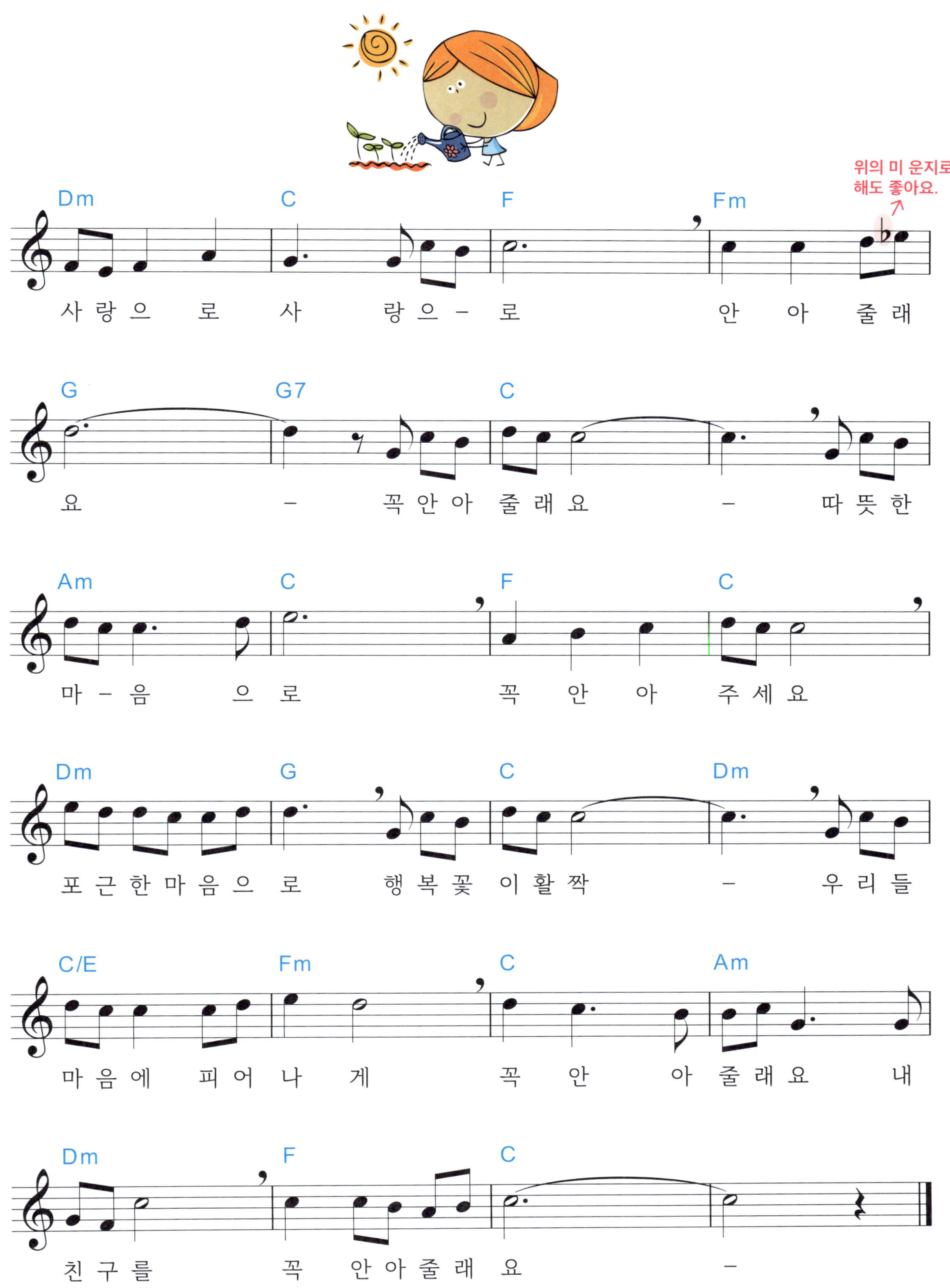
위의 미 운지로
해도 좋아요.

Dm C F Fm
사 랑 으 로 사 랑 으 — 로 안 아 줄 래

G G7 C
요 — 꼭 안 아 줄 래 요 — 따 뜻 한

Am C F C
마 — 음 으 로 꼭 안 아 주 세 요

Dm G C Dm
포 근 한 마 음 으 로 행 복 꽃 이 활 짝 — 우 리 들

C/E Fm C Am
마 음 에 피 어 나 게 꼭 안 아 줄 래 요 내

Dm F C
친 구 를 꼭 안 아 줄 래 요 —

'아래 시, 라' 연습

아래 덧줄에서 계이름
라 시 도 레

연습1
시 도 시 도 시 시 도 도 시

연습2
시 시 라 라 시 시 라 라 시

연습3
라 시 라 시 라 시 라 시 라

연습4
라 시 도 시 라 시 도 시 라

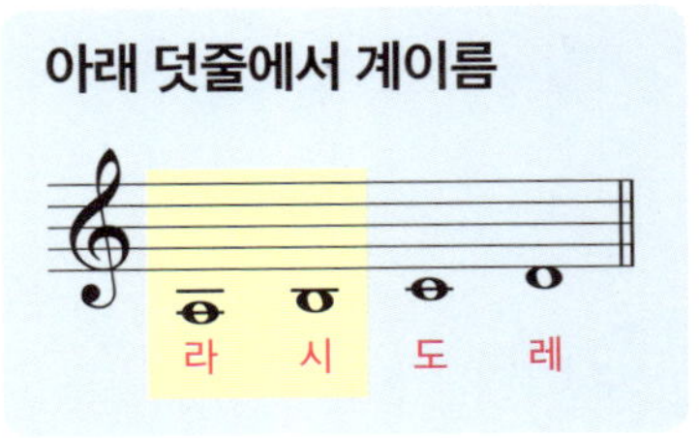

그대로 멈춰라

김방옥 작사
김방옥 작곡

네 잎 클로버

박영신 작사
박영신 작곡

부록

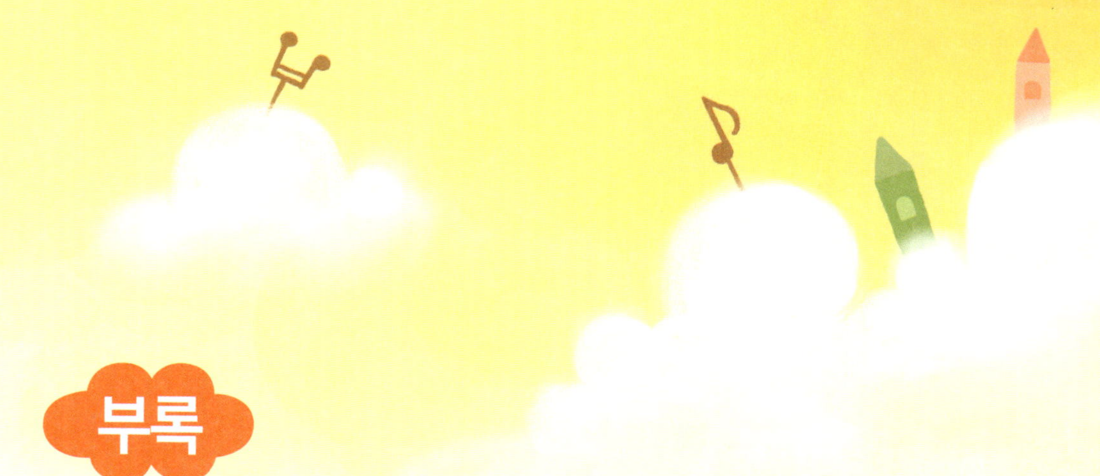

연주곡 모음

가을 길 2중주

캐롤 메들리 3중주

위풍당당 행진곡 3중주

신호등 독주

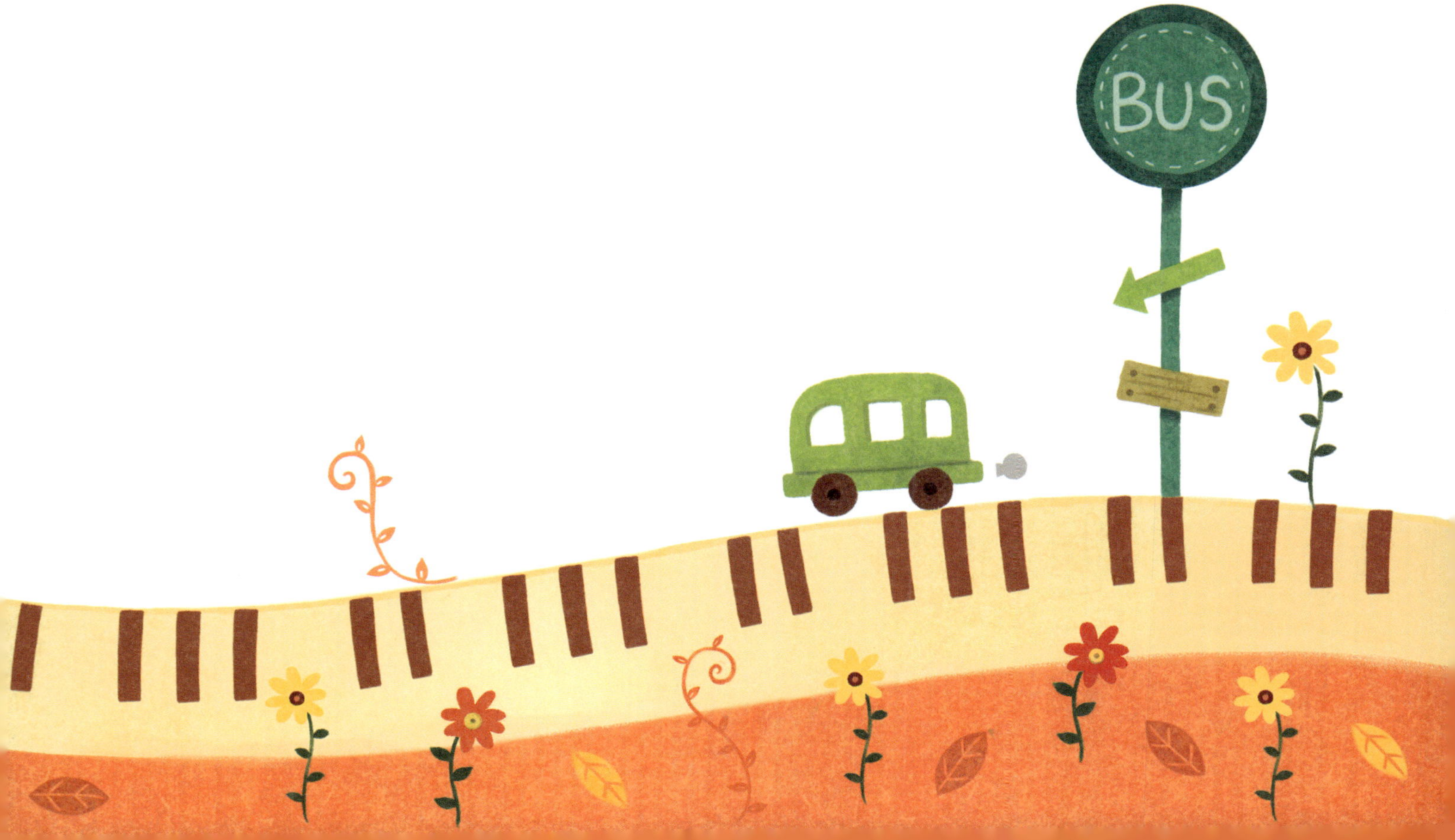

가을 길

김규환 작사
김규환 작곡

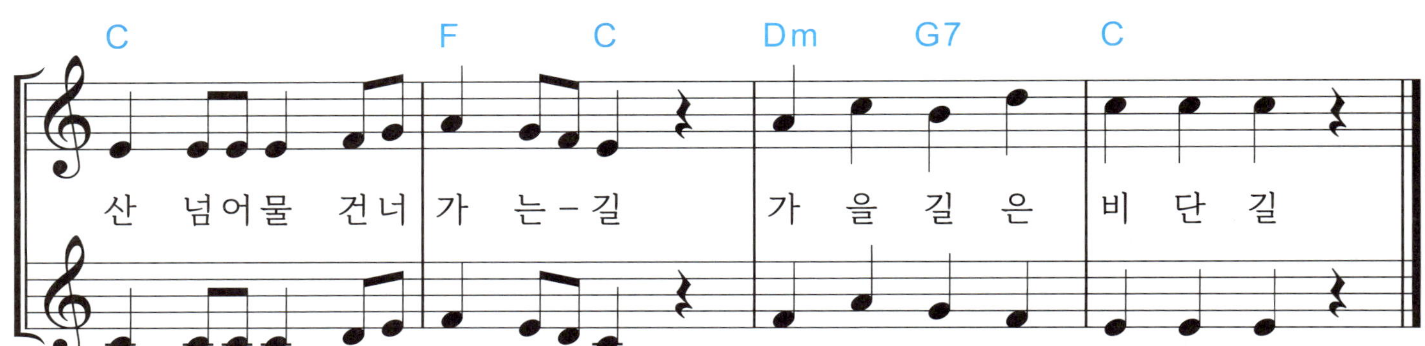

캐롤 메들리

그루버

C
G
C
고 요한밤
거 룩한밤
어 둠에
묻 힌밤

F
C
F
C
주 의부 -모 앉 -아서
감 사기 -도 드 -릴때

G
C
G
C
아 기잘 도잔 다 - 아 -기잘 도잔 다 -

쿠츠

C
F
C
F
울 면안 돼
울 면안 돼
산 타할아버지는
우 는애들에겐

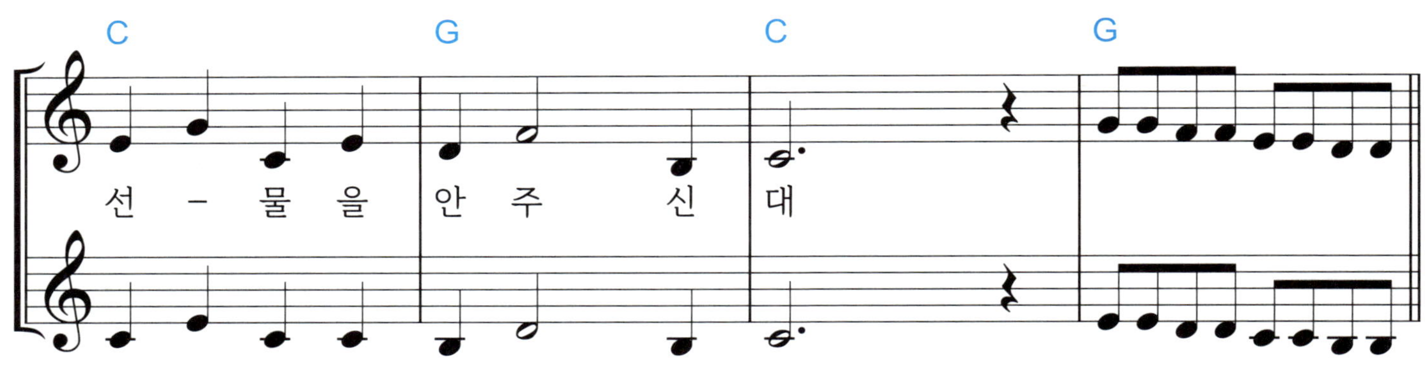
C   G   C   G
선 - 물 을 안 주 신 대

미첼

C   G
창밖 을보라 창밖 을보 라 흰눈 이내 린 다

G   C
창밖 을보라 창밖 을보 라 찬겨 울이 왔 다

C   G
썰매 를타 는 어린 애들 은 해가 는 줄도모르 고

영국 캐롤

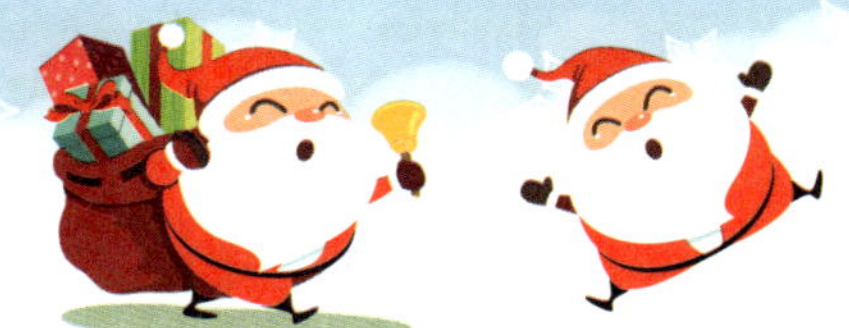

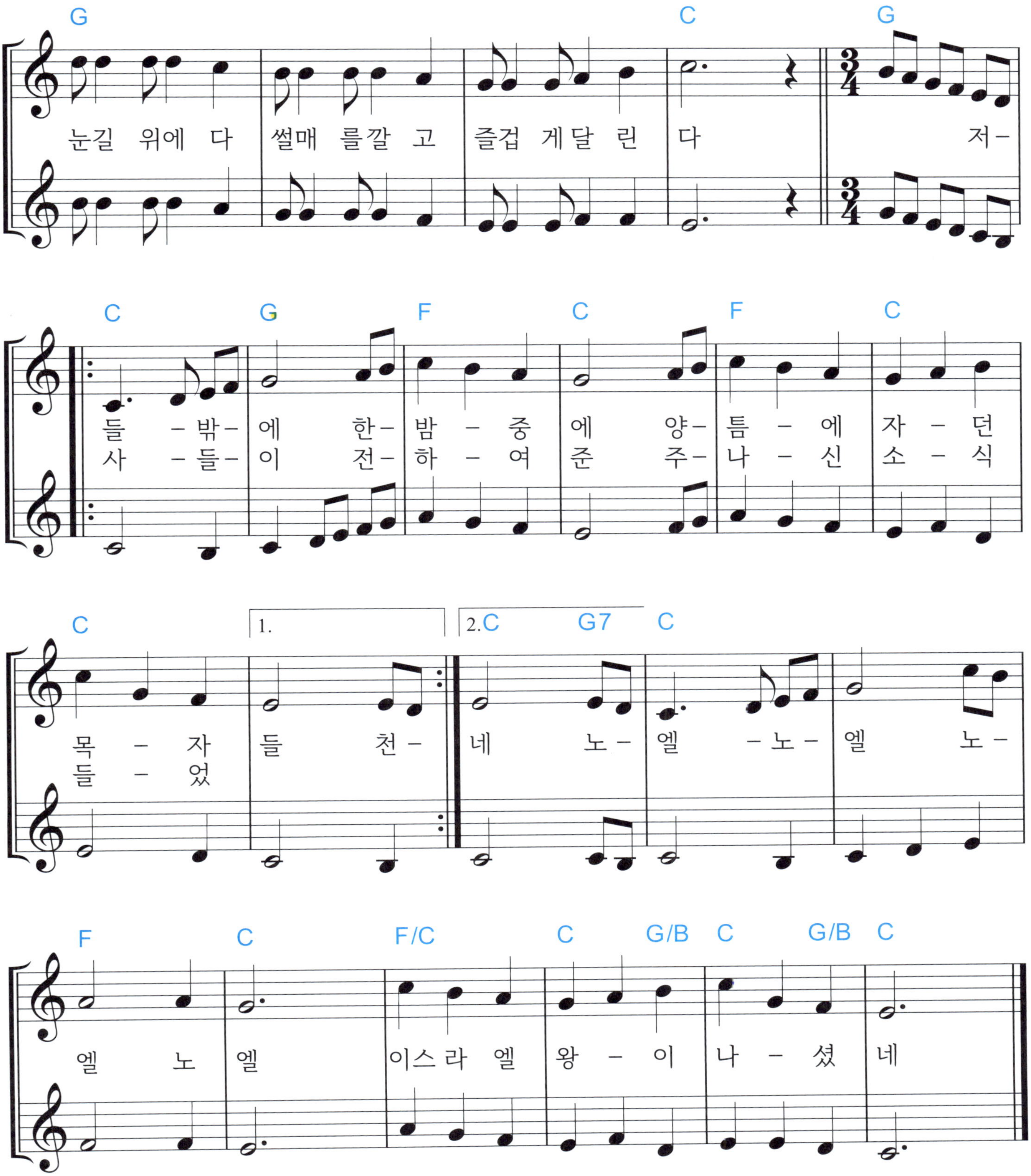
G C G
눈길 위에 다 썰매 를깔 고 즐겁 게달 린 다 저–
C G F C F C
들 – 밖– 에 한– 밤 – 중 에 양– 틈 – 에 자 – 던
사 – 들– 이 전– 하 – 여 준 주– 나 – 신 소 – 식
C 1. 2.C G7 C
목 – 자 들 천– 네 노– 엘 –노– 엘 노–
들 – 었
F C F/C C G/B C G/B C
엘 노 엘 이스라 엘 왕 – 이 나 – 셨 네

위풍당당 행진곡

엘가 작곡

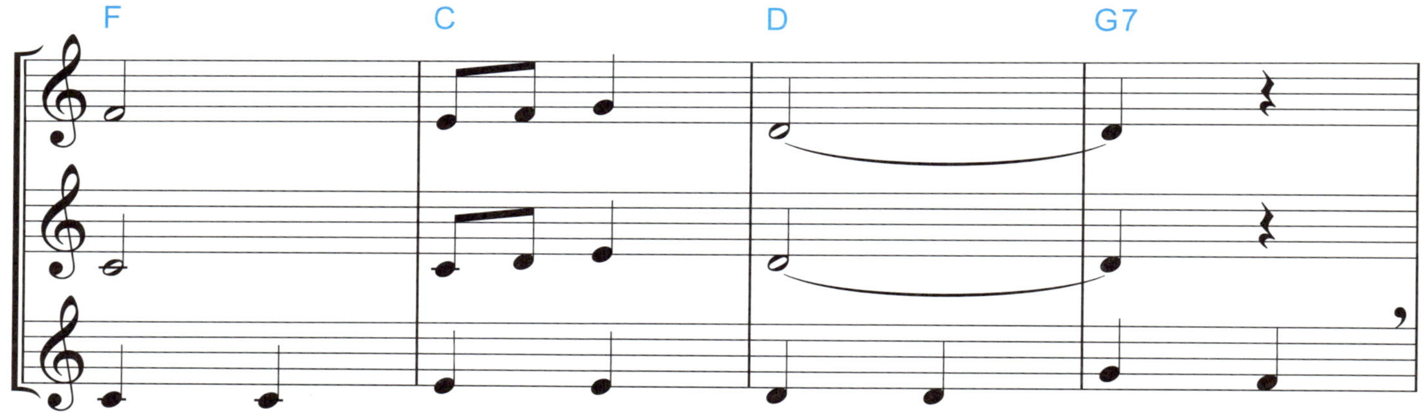

1. Am D G G7
2. Dm7 G7 C C7
F G Em Am
Dm G7 C

신호등

이무진 작사
이무진 작곡

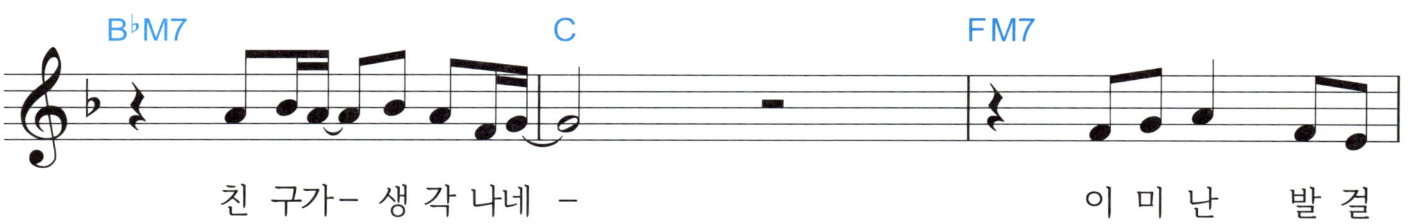

건 반 처 럼 생 긴 도 로 위- 수많은

동 그 라 미 들 - - 모 두 가 멈 췄 다 굴 렀 다

말 은잘-들 어- 그건나 도 문 제가-아냐 - 붉 은

색 푸른색그- 사 이 3 초그짧은시간- 노 란 색 빛 을 내 는 저기

저 신 호등- 이 내 머 릿 속을텅- 비워버 려 내가빠른지도- 느 린

지 모 르겠- 어그저눈 앞이 샛 노랄-뿐 야 - -

이효원

러시아 야쿠티아 국립음악원 피아노 마스터클래스

이탈리아 루카 신포니아 음악학교 전문 연주자 과정 Diplom

숙명여대 대학원 음악치료학과 졸업

로마 국제 음악 아카데미 합창&오케스트라 지휘 Diplom

Yein Music & Art School 대표

아마빌레 리코더 전문 강사

강화윈드 오케스트라 플루트 단원 & 강사

예인 청소년 오케스트라 단장

리코더, 오카리나, 칼림바, 우쿨렐레 초등학교 문화예술강사

플루트 & 바이올린 강서구 지역아동센터 강사

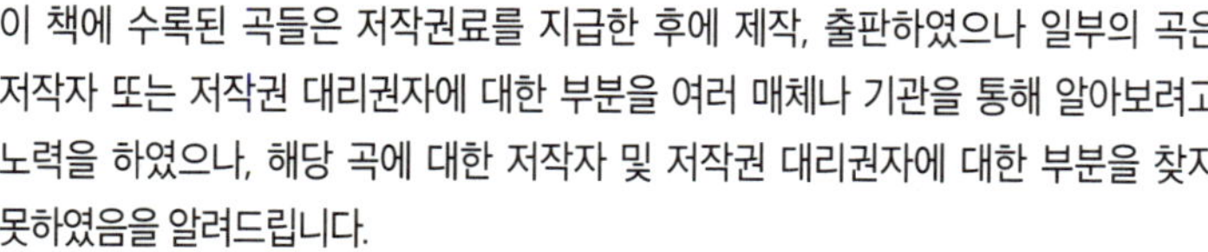

발행일 2026년 3월 10일

발행인 남　용

편　저 이효원

발행처 일신서적출판사

주　소 서울시 마포구 독막로 31길 7

등　록 1969년 9월 12일 (No. 10-70)

전　화 (02) 703-3001~5 (영업부)
　　　　 (02) 703-3006~8 (편집부)

F A X (02) 703-3009

I S B N 978-89-366-2918-2 (93670)

이 책에 수록된 곡들은 저작권료를 지급한 후에 제작, 출판하였으나 일부의 곡은 저작자 또는 저작권 대리권자에 대한 부분을 여러 매체나 기관을 통해 알아보려고 노력을 하였으나, 해당 곡에 대한 저작자 및 저작권 대리권자에 대한 부분을 찾지 못하였음을 알려드립니다.
저작자 및 저작권 대리권자께서 본사로 연락을 주시면 추후 곡의 사용에 대한 저작권법 및 저작자 권리단체의 규정에 따라 조치를 취할 것을 약속 드립니다.
저작자의 권리는 존중되어야 합니다.
부득이 저작권자의 승인없이 저작물을 사용하게 되어 대단히 죄송합니다.